AF316939

DIEZ PASOS PARA UNA MARCA PERSONAL PODEROSA

Diez pasos para una marca personal poderosa

destaque y triunfe

B. VINCENT

QuantumQuill Press

CONTENTS

Introducción

Determinación de la marca personal: en la era contemporánea caracterizada por la rapidez y la intensa competencia, la marca personal ha surgido como un elemento indispensable para alcanzar el éxito. La marca personal incorpora no sólo el desarrollo de un logotipo que llame la atención o un eslogan conmovedor, sino también un reflejo auténtico de la identidad, los valores y la personalidad pública de uno. Es el proceso intencional y estratégico de influir en las percepciones personales y profesionales de los demás. Tu marca personal consiste en una fusión singular de tus logros, fortalezas, valores y aspiraciones, que te distinguen de otros en tu industria. Al comprender y delinear su marca personal, se adquiere lucidez sobre su identidad, objetivo y trayectoria, estableciendo así una base sólida para el logro de objetivos y la diferenciación en medio de un mercado saturado. En este libro, exploraremos las complejidades de la marca personal con mayor detalle y le proporcionaremos estrategias prácticas para desarrollar una marca sólida y genuina que conecte con su público objetivo e impulse sus logros. En consecuencia, comencemos esta expedición de cambio de paradigma comprendiendo inicialmente el profundo significado de la marca personal y su naturaleza indispensable para el desarrollo personal y profesional.

La importancia de la marca personal se vuelve evidente cuando se intenta distinguirse en medio del vasto océano de emprendedores y profesionales. Sin embargo, en una sociedad donde la atención es limitada, establecer una marca personal sólida no es simplemente una opción; es un imprescindible. Su marca personal funciona como una representación de su reputación, tarjeta de presentación y compromiso con el mundo. Es lo que establece una posición única en el mercado, facilita el acceso a prospectos sin explotar y lo diferencia como una autoridad en su campo. Además de atraer clientes, colaboradores y avances profesionales, una marca personal construida hábilmente puede inspirar confianza en la audiencia y generar credibilidad. Además de fomentar los logros profesionales, la marca personal establece una conexión entre las acciones de uno y su verdadero yo, promoviendo una sensación de satisfacción y autenticidad. Básicamente, la marca personal te otorga la capacidad de dictar tu propia historia, influir en las percepciones de los demás y generar un impacto duradero en todos aquellos con quienes te cruzas. Tenga en cuenta que al comenzar este esfuerzo de colaboración, asignar recursos a su marca personal significa más que una mera autopromoción; fomenta el autoempoderamiento y establece una herencia duradera que encarna auténticamente tu esencia. Por lo tanto, profundicemos en el profundo impacto que puede tener la marca personal y revelemos las infinitas oportunidades que presenta para sus próximos logros.

La estructura de diez pasos: esta obra literaria contiene una guía estratégica para construir una marca personal formidable, una que irradie autenticidad, lucidez e influencia. A lo largo de cada fase del viaje de la marca personal, nuestro marco de diez pasos tiene como objetivo proporcionarle estrategias prácticas, ejercicios que inviten a la reflexión e ideas prácticas. Cada etapa del proceso, incluido el establecimiento de su identidad de marca, capitalizar las plataformas en línea, establecer contactos de manera eficiente y perfeccionar su experiencia, ha sido diseñada meticulosamente para ayudarlo a alcanzar sus máximas capacidades y distinguirse en medio de un mercado saturado. Al emplear este enfoque metódico, se puede establecer una trayectoria clara a seguir, facilitando el progreso sistemático y permitiendo la implementación de la evaluación del progreso. Si usted es un profesional establecido que busca elevar su marca o un aspirante a emprendedor que intenta establecer su nicho, este marco puede modificarse para adaptarse a sus objetivos y situación específicos. Por lo tanto, al comenzar esta expedición mutuamente transformadora, tengamos fe en el proceso, aceptemos los obstáculos que puedan surgir e imaginemos la formidable marca personal que se avecina. Comencemos y demos el paso inicial hacia la realización de nuestras capacidades máximas.

Razones por las que este libro es importante: Quizás se pregunte, en un mundo inundado de guías de autoayuda y tutoriales en línea, qué distingue a este libro. La solución se puede encontrar en su metodología integral, observaciones pragmáticas y tácticas implementables personalizadas explícitamente para construir una marca personal formidable. En contraste con la orientación general que garantiza resultados inmediatos y prosperidad instantánea, este libro presenta un plan integral que está firmemente arraigado en la investigación empírica, el conocimiento práctico y los casos tangibles. No basta con discutir simplemente la teoría; Los resultados concretos también son cruciales. Además, en este libro se reconoce que la marca personal no es una tarea de aplicación universal. Ya sea que se identifique como un profesional introvertido, extrovertido, independiente o corporativo, los principios delineados en este artículo poseen la flexibilidad de adaptarse a su personalidad, situación y objetivos distintos. Al dedicar su tiempo y esfuerzo a leer este libro, estará realizando una inversión financiera en su yo futuro. Te estás embarcando en un viaje transformador, orientado al crecimiento y de autodescubrimiento, uno que puede impactar significativamente tu vida, tus relaciones y tu trayectoria profesional. Por lo tanto, si está preparado para avanzar hasta alcanzar sus máximas capacidades y distinguirse en un entorno competitivo, este libro será su compañero confiable durante todo ese proceso. Juntos, comenzaremos este esfuerzo y aprovecharemos el potencial de su marca personal.

Aviso para la acción: Habiendo establecido las bases y el marco para su esfuerzo de marca personal, el momento presente exige que inicie el proceso. Mientras lee detenidamente los próximos capítulos, le insto a que aborde cada concepto con una mentalidad receptiva y dispuesto a afrontar sus limitaciones. A la luz de su trayectoria personal, fortalezas y ambiciones, evalúe en qué medida se corresponden con los principios expuestos en esta obra literaria. Es la implementación práctica de ese conocimiento, no la mera adquisición, lo que impulsa una transformación significativa. Por lo tanto, al encontrar estrategias prácticas y ejercicios intelectualmente estimulantes, no se limite a absorberlos pasivamente; Participa activamente en ellos, intégralos en tu rutina. Cada acción que emprenda, como perfeccionar la narrativa de su marca, optimizar su huella digital o ampliar su círculo social, avanza en su trayectoria hacia la realización de sus máximas capacidades y la construcción de una marca personal formidable. Incluso si experimentas desánimo o sentimientos abrumadores a lo largo del camino, ten en cuenta que no estás solo. Consulte con colegas, mentores o con el propio autor para obtener ayuda y dirección. Podemos superar cualquier obstáculo y lograr cosas asombrosas cuando nos unimos. Por lo tanto, armados con una determinación y fortaleza inquebrantables, comenzaremos esta expedición de cambio de paradigma y liberaremos todo el potencial de su marca personal. Tu yo futuro está esperando ansiosamente tu comienzo en este momento.

| 1 |

Capítulo 1: Comprensión de la marca personal

¿Qué es el marcado privado?

El marcado individual, en su encarnación, es el desarrollo consciente y vital de su notable carácter y notoriedad. Va más allá del simple autopromoción o estrategias de promoción; se trata de exhibir realmente cuál es tu identidad, un gran motivador para ti y lo que te hace inconfundible en un centro comercial abarrotado. Su propia imagen incorpora sus cualidades, intereses, habilidades y experiencias, encarnando la quintaesencia de su viaje experto e individual. Es la historia que iluminas al mundo sobre ti mismo, la impresión que tienes en los demás y la herencia que buscas dejar. Comprender el marcado individual incluye percibir la fuerza del discernimiento y el significado de la correspondencia deliberada a la hora de formar cómo te ven los demás. Al adoptar el marcado individual, asumes el control de tu historia, te separas de la oposición y creas un espacio extraordinario en tu industria o campo. En esta parte, profundizamos en las ideas centrales del marcado individual, sentando las bases para su excursión hacia la construcción de una marca fuerte y creíble que resuene entre su público.

El avance del marcado individual

El concepto de marcación individual ha atravesado un fascinante viaje transformador, pasando de ser una idea generalmente oscura a la base de un giro profesional actual de los acontecimientos. Sus fundamentos subyacentes se remontan a antiguos avances humanos, donde las personas utilizaban imágenes, títulos y notoriedades para diferenciarse dentro de sus redes. Sin embargo, no fue hasta finales del siglo XX que el marcado individual comenzó a adquirir su estructura contemporánea, impulsado por el ascenso de las comunicaciones amplias, la globalización y la era informatizada.

En la era informática, el marcado individual se ha vuelto más abierto e inevitable que en cualquier otro momento de la historia reciente, debido a la expansión de los escenarios de entretenimiento basados en la web, los destinos de administración de sistemas basados en la web y los sitios individuales. Actualmente, las personas tienen puertas abiertas fenomenales para organizar sus personajes en línea, atraer a una multitud mundial y moldear sus personalidades profesionales progresivamente.

Además, la democratización de los datos y la economía colaborativa también han aumentado la importancia del marcado individual. En el mundo interconectado actual, las personas generalmente no están limitadas por formas vocacionales convencionales o sistemas progresistas autoritarios. En igualdad de condiciones, están comprometidos a construir sus marcas, perseguir sus intereses y decidir su destino en función de sus condiciones.

Comprender el desarrollo del marcado individual es fundamental para explorar sus complejidades y controlar sus posibilidades en la edad avanzada. Siguiendo su dirección auténtica, obtenemos importantes conocimientos sobre los estándares, patrones y poderes ocultos que impulsan su desarrollo continuo. En esta parte, investigamos los logros y cambios críticos que han moldeado la calificación individual hasta convertirla en la fuerte peculiaridad que es hoy, dando paso a su propio proceso de calificación.

Por qué es importante la calificación individual

El marcado individual no es simplemente una expresión popular o un patrón breve; Es un elemento básico esencial para el resultado en el grave panorama actual. Ya sea usted un visionario de negocios, un consultor, un experto corporativo o un artesano imaginativo, su propia imagen asume un papel crucial a la hora de moldear la dirección de su vocación, atrayendo puertas abiertas e impactando cómo lo ven los demás.

En la era computarizada, donde los datos abundan y la capacidad de concentración es temporal, el marcado individual constituye un recurso sorprendente para atravesar el clamor y establecer una conexión notable. Le permite separarse de la oposición, exhibir su dominio y asegurarse como un experto de confianza en su campo.

Además, la calificación individual no depende únicamente de las empresas competentes; Penetra cada parte de tu vida, desde tus colaboraciones sociales hasta tus propias conexiones. Al desarrollar áreas de fortaleza para una marca, mejora sus posibilidades de experto y desarrolla un sentimiento de legitimidad, razón y satisfacción.

Además, en un mundo innegablemente interconectado, donde las organizaciones y las conexiones son vitales, el marcado individual constituye un impulso para construir asociaciones significativas y fomentar el esfuerzo conjunto. Le permite explicar su interesante incentivo, compartir su historia y crear verdaderas asociaciones con personas similares que comparten sus cualidades y deseos.

En última instancia, la calificación individual es importante, ya que le permite asumir el control de su cuenta, dar forma a su conocimiento y abrir su máxima capacidad. No se trata sólo de superación personal o vanidad; está relacionado con reclamar tu historia, mejorar tu efecto y dejar una herencia duradera que conmueva a otros.

En esta parte, profundizamos en las múltiples justificaciones de por qué es importante el marcado individual e investigamos sus importantes ramificaciones para su experiencia y superación personal. Al comprender el significado de la marca individual, estará mejor preparado para equipar su poder e influir en él para lograr sus objetivos y deseos.

Fantasías y juicios equivocados

Al igual que ocurre con cualquier idea que adquiere prevalencia, el marcaje individual se ve frecuentemente rodeado de fantasías y confusiones que pueden impedir su comprensión y ejecución. Es importante disipar estas malas interpretaciones para tener una idea completa del verdadero contenido y capacidad del marcado individual.

Una leyenda común es que el marcado individual es sólo para grandes nombres o potencias con un gran número de seguidores. En verdad, el marcado individual es pertinente para personas de todos los niveles y en todos los negocios. Ya sea usted un visionario empresarial en crecimiento, un jefe cuidadosamente preparado o un nuevo exalumno que ingresa a la fuerza laboral, la calificación individual puede influir esencialmente en su dirección experta y en sus valiosas puertas abiertas.

Otra interpretación errónea es que la marcación individual no es auténtica o es egoísta. Si bien en realidad es cierto que la calificación individual incluye de alguna manera el avance personal, en realidad no hay necesidad de concentrarse en regodearse o exagerar sus logros. La marcación individual legítima se establece en la atención plena, la franqueza y la asociación certificada con la multitud. Está relacionado con mostrar sus extraordinarios activos y valores de una manera que impacte a los demás y mejore sus vidas.

Además, algunas personas aceptan que la calificación individual es un esfuerzo puntual o una solución conveniente para el éxito profesional. No obstante, la calificación individual es un ciclo continuo que requiere consistencia, esfuerzo y variación para desarrollarse con condiciones y objetivos cambiantes. Es todo menos una personalidad estática, pero es una historia poderosa que se desarrolla y se desarrolla después de un tiempo.

En última instancia, existe la opinión equivocada de que el marcado individual se centra exclusivamente en la presencia en línea o el entretenimiento virtual. Si bien los escenarios computarizados desempeñan un papel fundamental en el marcado privado, no es el único determinante de su imagen. El marcado individual abarca diferentes puntos de contacto, recordando la cooperación individual, la disposición competente y el compromiso del área local. Está relacionado con la obtención de una visión de marca firme y legítima en todos los canales, tanto en la web como fuera de línea.

En esta parte, exponemos estas leyendas y juicios equivocados que abarcan la calificación individual, brindándole claridad y comprensión para involucrarlo en su proceso de calificación. Al dispersar estas fantasías, estará mejor preparado para abrazar la quintaesencia genuina de la marcación individual e influir en ella para lograr sus anhelos profesionales e individuales.

Distinguiendo su notable incentivo

En el centro de la calificación individual se encuentra su notable oferta: la combinación particular de características, habilidades y encuentros que lo separa de otros en su campo. Reconocer y articular su oferta excepcional es fundamental para construir una marca individual convincente que resuene en su público y lo separe de la oposición.

Para iniciar esta interacción, reserve un margen para la reflexión y la autorreflexión. Piense en sus activos, intereses y temas especializados. ¿Cuáles son las habilidades o características en las que tienes éxito? ¿Qué punto de vista especial o comprensión ofrece usted que sería útil? Reflexiona sobre tus encuentros, logros y dificultades anteriores. ¿Cómo han moldeado quién eres hoy y cómo han afectado tu proceso experto?

Luego, piense en su principal grupo de interés y en sus necesidades, inclinaciones y puntos conflictivos. ¿Qué problemas o dificultades enfrentan y qué podría hacer usted para abordarlos? ¿Cómo podría agregar valor y tener un efecto significativo en sus vidas o profesiones? Al comprender los requisitos de su público y ajustar su oferta a sus necesidades, puede adaptar su propia imagen para impactarlos realmente.

Una vez que haya adquirido lucidez sobre su incentivo interesante, es fundamental transmitirlo de manera clara y confiable a través de todos sus propios puntos de contacto de marcado. Ya sea su perfil de LinkedIn, su biografía profesional o su breve presentación, asegúrese de que su información refleje sus notables recursos y el valor que ofrece a su público.

Al diferenciar su oferta novedosa, no sólo establece puntos fuertes importantes para su propia imagen, sino que también gana confianza en sus capacidades y su rumbo. Te vuelves más decidido y clave en tus elecciones profesionales, sabiendo cómo utilizar tus activos y oportunidades para lograr tus objetivos. En esta parte, profundizaremos en la forma más común de distinguir y perfeccionar su oferta especial, equipándolo con los dispositivos y los conocimientos que desea para construir una marca privada sólida y verdadera.

Capítulo 2: Aclarar la identidad de su marca

Caracterizando la personalidad de tu imagen

En el centro de la marca individual se encuentra un carácter de marca inconfundible y válido: una manifestación de cuál es tu identidad, lo que vales y lo que te separa de los demás. Caracterizar el personaje de tu imagen es un paso básico hacia el proceso de marcado individual, ya que sirve como luz rectora para todos tus esfuerzos de marcado.

Para comenzar, haga una pausa por un minuto para considerar sus creencias, convicciones y estándares básicos. ¿Qué te motiva? ¿Qué marca la mayor diferencia para usted tanto en su propia vida como en la de su competente vida? Tus cualidades estructuran la base de tu imagen de carácter, formando tus actividades, elecciones y colaboraciones con los demás.

Luego, piensa en tus intereses e intereses. ¿Qué ejercicios o temas te estimulan y despiertan? ¿Qué es lo que más deseas hacer con tu energía disponible? Tus intereses brindan importantes conocimientos sobre tu yo legítimo y pueden ayudarte a revelar partes notables de tu imagen de personalidad.

Además, reflexione sobre sus objetivos y metas trazados. ¿Dónde te ves dentro de cinco o una década? ¿Qué herencia te gustaría abandonar?

Tus objetivos pueden iluminar tu imagen de carácter al presentar las características y cualidades que realmente deseas desarrollar para hacer que tu visión progrese.

Al incorporar estos componentes (sus cualidades, intereses y objetivos), puede comenzar a crear un carácter de marca inconfundible y convincente que resuene con quién es usted en su centro. Tu imagen de carácter debe ser verdadera, optimista y vital, reflejar la quintaesencia de tu identidad y ser un gran motivador para ti.

En esta parte, profundizaremos en la forma más común de caracterizar el personaje de tu imagen, brindándote actividades y experiencias viables para ayudarte a descubrir los aspectos excepcionales de tu propia imagen. Al explicar el carácter de su imagen, establecerá un sólido punto de partida para construir una marca individual fuerte y genuina que resuene entre su público y lo separe en un centro comercial lleno.

Cómo hacer tu historia de imagen

La historia de tu imagen es algo más que una historia; es el centro cercano de tu propia imagen: el hilo que une tus encuentros, valores y objetivos en una historia fuerte y convincente. Hacer que tu imagen sea una historia es un ciclo innovador que te permite verbalizar cuál es tu identidad, un gran motivador para ti y por qué haces lo que haces de una manera que resuene en tu público en un nivel más profundo.

Para comenzar a crear su historia de imagen, comience reflexionando sobre su propia excursión: los minutos urgentes, las dificultades y las victorias que han moldeado quién es usted hoy. ¿Qué encuentros afectan fundamentalmente tu vida y tu vocación? ¿Cómo han impactado estos encuentros tus cualidades, convicciones y objetivos?

Luego, piense en su extraordinario punto de vista y perspectiva. ¿Qué conocimientos o ejemplos has adquirido de tus encuentros? ¿Qué ofreces de valor real que ninguna otra persona ofrece? Tu punto de vista te separa de los demás y hace que tu imagen sea convincente y atractiva.

Al crear la historia de su imagen, esfuércese por ser válida, indefensa e interesante. Comparta sus triunfos, así como sus decepciones, desgracias e instantáneas de desarrollo. Tu multitud resonará con tu humanidad y tu realidad, cultivando más asociaciones y confianza.

Además, considere el profundo efecto que cree que su historia de imagen debería tener en su audiencia. ¿Qué sentimientos te gustaría evocar? Ya sea motivación, compasión o confianza, inyectar sentimiento a la historia de tu imagen la hará más primordial y efectiva.

Por último, recuerde que la historia de su imagen es una historia en desarrollo: una articulación sensata de su propia imagen. A medida que usted se desarrolle y avance, también lo hará la historia de su imagen. Abrace la excursión de la autorrevelación y la autoarticulación, y deje que la historia de su imagen sea una impresión de su yo genuino.

En esta sección, profundizaremos en la especialidad de crear su historia con imágenes, brindándole consejos, actividades y guías viables para ayudarlo a articular su notable relato. Al crear una historia de marca convincente, creará una fuerte asociación con su público y elevará su propia imagen más alto que nunca.

Establecer la coherencia de la marca

La coherencia es vital para crear áreas de fortaleza para una marca individual destacada. Está relacionado con garantizar que cada parte de su imagen (desde su presencia en la web hasta su estilo de correspondencia y su carácter visual) refleje cualidades, información y carácter similares. Diseñar la coherencia de la marca mejora su validez y su increíble habilidad, además de respaldar la personalidad de su imagen y refuerza su asociación con su público.

Quizás el primer paso hacia el diseño de la coherencia de la marca sea caracterizar los componentes de su imagen, como su logotipo, variedad, tipografía y forma de hablar. Estos componentes actúan como bloques estructurales de la personalidad de su imagen y brindan un sistema firme a sus esfuerzos de marcado.

Luego, garantice la coherencia en todos sus propios puntos de contacto de marcado, tanto en la web como fuera de línea. Este incorpora su sitio, perfiles de entretenimiento virtual, tarjetas de presentación, marcas de correo electrónico y algunos otros materiales o escenarios donde se aborda su imagen. Utilice elementos de marcado constantes, simbolismo e información para generar una visión de marca integrada para su público.

Además, mantenga la coherencia en su estilo de correspondencia y forma de hablar. Ya sea que esté escribiendo una entrada de blog, enviando un correo electrónico o dando un espectáculo, asegúrese de que su información esté alineada con los valores y el carácter de su imagen. La correspondencia constante genera confianza y conocimiento de su público, lo que hace que se acerquen a su imagen y la recuerden.

La coherencia también se extiende a tu forma de comportarte y actividades. Sea consciente de cómo se presenta en entornos competentes, tanto en la web como fuera de ella. Tus actividades deben alinearse con tus valores de imagen y respaldar la imagen que deseas transmitir a tu público.

Por último, revise y revise periódicamente la consistencia de su imagen para garantizar que se mantenga en una forma recuperable a largo plazo. Dirija encuestas ocasionales de sus materiales de marcado, perfiles en línea e información para distinguir cualquier irregularidad o regiones de desarrollo. Si se mantiene alerta y escrupuloso, podrá mantener la respetabilidad de su imagen y reforzar su asociación con su público.

En esta sección, investigaremos la importancia de establecer la coherencia de la marca y brindaremos técnicas y consejos pragmáticos para mantener una marca individual firme y convincente. Al centrarse en la coherencia en sus esfuerzos de calificación, generará confianza, validez y reconocimiento entre su público, dando paso a logros y efectos a largo plazo.

Examinando su imagen actual

Antes de que pueda refinar y fortalecer su propia imagen, es fundamental tener una comprensión razonable de su imagen actual. Dirigir una revisión de marca le permite evaluar cómo lo ve actualmente su público, distinguir áreas de desarrollo y ajustar sus esfuerzos de calificación a sus objetivos y valores.

Comience por evaluar su presencia en Internet, incluido su sitio, perfiles de entretenimiento en línea y cualquier otra etapa informática en la que se aborde su imagen. Piense en la coherencia de sus componentes de marcado, la naturaleza de su contenido y los niveles de compromiso con su público. Concéntrese en cómo su público coopera con su imagen en la web y acumule información para adquirir experiencias sobre sus discernimientos e inclinaciones.

Luego, evalúe su presencia desconectada, incluida su actitud experta, su organización de asociaciones y sus materiales de calificación individuales. Considere cómo se presenta en entornos competentes, la impresión que tiene en los demás y la relación entre su forma desconectada de comportarse y los valores de su imagen.

Al dirigir su revisión de imagen, diga la verdad y sea objetivo en su evaluación. Busque regiones donde su imagen pueda ser conflictiva, obsoleta o no completamente alineada con sus objetivos y valores. Reconozca las cualidades, las deficiencias, las grandes puertas abiertas y los peligros para la imagen y la notoriedad de su imagen.

Cuando haya terminado su revisión de imágenes, examine los descubrimientos y concéntrese en las regiones de desarrollo. Fomente una estrategia para abordar cualquier agujero o irregularidad en su imagen, centrándose en las regiones donde puede tener el efecto principal. Esto podría incluir actualizar sus materiales de calificación, perfeccionar su información o mejorar su presencia en la web.

Por último, proceda a revisar y evaluar su imagen con regularidad para asegurarse de que se mantenga alineada con sus objetivos y valores. Dirija revisiones de marca ocasionales para controlar su desarrollo, reconocer patrones que surjan y realizar cambios caso por caso para seguir siendo pertinente y serio en su industria.

En esta sección, lo guiaremos a través de la forma más común de revisar su imagen actual, brindándole consejos y herramientas razonables para ayudarlo a examinar las ventajas y desventajas de su imagen. Al realizar una cuidadosa revisión de la marca, adquirirá importantes conocimientos sobre el discernimiento de su imagen y se posicionará para progresar mejor en su propio proceso de calificación.

Establecer objetivos de marca

Establecer objetivos claros y significativos es fundamental para dirigir sus propios esfuerzos de marcado y estimar su avance en el camino. Sus objetivos de imagen actúan como guía para su propio proceso de calificación, brindándole orientación, concentración e inspiración para lograr sus resultados ideales.

Comience por caracterizar los objetivos generales de su marca: ¿qué espera lograr con sus propios esfuerzos de marcación? Ya sea estructurando su presencia en la web, ampliando su organización o situándose como especialista en su campo, articule sus deseos y objetivos trazados.

Luego, separe sus objetivos de imagen generales en logros u objetivos más modestos y alcanzables. Estos logros deben ser explícitos, cuantificables, factibles, importantes y con un límite de tiempo (Savvy), lo que le permitirá controlar su desarrollo y elogiar sus triunfos en el camino.

Piense en los diferentes elementos de su propia imagen, como su presencia en Internet, esfuerzos organizativos, desarrollo competente de los acontecimientos y compromiso local, y distinga el objetivo explícito.

| 3 |

Capítulo 3: Construyendo su presencia en línea

Actualización de sus perfiles de entretenimiento basados en la web

En la actual era informatizada, sus perfiles de entretenimiento basados en la web actúan como la puerta de entrada a su propia imagen. En muchos casos son el sentimiento inicial que las empresas, clientes o asociados esperados tienen de usted, por lo que es vital avanzarlos para alinearlos con sus propios objetivos de marcado.

Comience evaluando y actualizando la información de su perfil para asegurarse de que refleje con precisión su imagen de personalidad. Esto incorpora su foto de perfil, fotografía de portada, biografía y algunas otras sutilezas pertinentes. Utilice un estilo visual experto y constante en todos sus escenarios de entretenimiento en línea para crear una imagen de marca firme y esencial.

Luego, elija con decisión el contenido que comparte en sus perfiles de entretenimiento en la web para respaldar su propia imagen. Comparta contenido que destaque sus habilidades, intereses y valores, y ofrezca algún incentivo a su público. Ya sean fragmentos de conocimiento de la industria, artículos de iniciativas de pensamiento o análisis de fondo de su vida, seleccione contenido que resuene en su grupo de interés y destaque su extraordinario punto de vista.

Además, atraiga a su público constantemente respondiendo comentarios, mensajes y avisos de una manera conveniente y genuina. Crear asociaciones certificadas y fomentar debates a través del entretenimiento en línea refuerza sus asociaciones con su público y mejora la perceptibilidad y credibilidad de su imagen.

Además, influya en los aspectos más destacados y las funcionalidades de cada escenario de entretenimiento basado en la web para aumentar la apertura y el compromiso de su imagen. Utilice hashtags, etiquetas y elementos de geolocalización para ampliar su alcance y asociarse con personas similares en su industria o especialidad.

En última instancia, revise y analice periódicamente sus mediciones de entretenimiento basadas en la web para controlar su desarrollo y perfeccionar su procedimiento a largo plazo. Concéntrese en los indicadores clave de ejecución, por ejemplo, desarrollo adherente, tasas de compromiso y ejecución de contenido para reconocer qué resuena más entre su público y cambiar su metodología según sea necesario.

Al actualizar sus perfiles de entretenimiento virtual, creará grandes áreas de fortaleza para una importante presencia en Internet que realmente transmita su propia imagen y atraiga puertas abiertas alineadas con sus objetivos y anhelos. En esta sección, profundizaremos en las técnicas y mejores prácticas para mejorar su presencia en el entretenimiento en línea para mejorar sus propios esfuerzos de calificación y lograr sus resultados ideales.

Hacer sustancia importante

En la escena informática, la redacción de calidad lo es todo, y ser significativo y generar satisfacción es fundamental para construir áreas importantes de fortaleza para una marca en la web. Ya sean entradas de blog, grabaciones, transmisiones digitales o actualizaciones de entretenimiento virtual, su contenido sirve como vehículo para transmitir su dominio, compartir sus experiencias e interactuar con su público en un nivel más profundo.

Comience por caracterizar su sistema de sustancias, ilustrando los puntos, temas y disposiciones que se alinean con su propia imagen y resuenan con su principal grupo de interés. Piense en su punto de vista interesante, sus encuentros y su dominio, y reconozca los tipos de contenido que le permiten destacar sus activos y ofrecer algún beneficio a su público.

Luego, céntrese en crear contenido excelente que sea esclarecedor, importante y atrapante. Ofrezca consejos viables, conocimientos importantes y puntos de vista provocativos que aborden las necesidades, dificultades e intereses de su público. Esfuércese por ser legítimo, directo y comprometido con su sustancia, compartiendo cuentos, historias y encuentros individuales que resuenen en su multitud a nivel humano.

Además, sea confiable en sus esfuerzos de creación de contenido, manteniendo un horario y un ritmo de presentación regulares para que su público esté conectado y quiera más y más. Ya sea que se trate de actualizaciones diarias del blog, grabaciones semanales o boletines mensuales, establezca un estándar que funcione para usted y su público, y cúmplalo.

Además, influya en las configuraciones y canales de medios mixtos para mejorar su contenido y contactar a un público más amplio. Explore diferentes vías con respecto a diversos arreglos, por ejemplo, infografías, cursos en línea, transmisiones en vivo y contenido intuitivo para mantener a su público conectado y entusiasmado con su imagen.

En última instancia, dinamice la comunicación y el compromiso con su contenido invitando a su público a dar me gusta, comentar, compartir y participar en conversaciones. Responda rápidamente a los comentarios y mensajes, y cultive un sentimiento de pertenencia local y de tener un lugar entre sus devotos.

Al crear contenido importante que resuene en su público y respalde su propia imagen, se asegurará como un experto confiable en su especialidad y atraerá valiosas puertas abiertas alineadas con sus objetivos y deseos. En esta parte, profundizaremos en los procedimientos y las mejores prácticas para crear contenido convincente que impulse sus propios esfuerzos de calificación e impulse un compromiso significativo con su público.

Atrayendo a tu multitud

Construir áreas de fortaleza para una presencia va más allá de comunicar su mensaje: está relacionado con cultivar asociaciones certificadas y construir asociaciones con su público. Atraer a su multitud mejora la perceptibilidad y validez de su imagen y crea una sensación de cercanía e inquebrantable entre sus devotos.

Empiece por prestar atención de forma eficaz a su público y centrarse en sus necesidades, inclinaciones y críticas. Visualice comentarios, mensajes y avisos en sus perfiles de entretenimiento virtual, entradas de blog y otros contenidos para comprender qué resuena más entre su público y cómo puede servirles mejor.

Luego, responda instantánea y verdaderamente a los comentarios, preguntas y solicitudes de su público. Reconozca sus compromisos, aborde sus intereses y agradezca su ayuda y compromiso. Al acercarse a su público de una manera significativa y certificable, generará confianza, compatibilidad y dedicación con el tiempo.

Además, inicie debates y comunicaciones con su público para cultivar más asociaciones y compromisos. Sugiera temas para iniciar conversaciones, solicite críticas y solicite apoyo en las conversaciones para crear una sensación de área local y esfuerzo coordinado en torno a su imagen.

Además, influya en organizaciones y aspectos destacados intuitivos a través de escenarios de entretenimiento basados en la web para potenciar el compromiso y la conexión con su público. Tenga debates en vivo, encuestas, desafíos y otras ocasiones inteligentes para iniciar la discusión y apoyar el interés de sus devotos.

Además, considere asociarse con potencias, pioneros del pensamiento o diferentes marcas en su industria para ampliar su gama y atraer nuevos públicos. Reunirse con personas o asociaciones similares puede mejorar su mensaje e incrementar la perceptibilidad y credibilidad de su imagen.

Finalmente, evalúe y examine constantemente sus mediciones de compromiso de la multitud para controlar su desarrollo y distinguir las regiones para el desarrollo. Concéntrese en mediciones como preferencias, comentarios, ofertas y tarifas de navegación para verificar la idoneidad de sus esfuerzos de compromiso y cambiar su estrategia según sea necesario.

Al cautivar eficazmente a su público, fomentará asociaciones más sólidas, incrementará la fidelidad a la marca e impulsará conexiones significativas que contribuirán al desarrollo y resultado de su propia imagen. En esta sección, investigaremos los sistemas y las mejores prácticas para atraer a su público en línea para aumentar el efecto y el impacto de su imagen.

Utilizar LinkedIn para una calificación competente

LinkedIn se destaca como un escenario sólido para la administración competente de sistemas y la calificación individual, ya que ofrece una variedad de herramientas y funciones destacadas para demostrar su dominio, interactuar con socios de la industria y posicionarse como líder de ideas en su campo. El uso de LinkedIn realmente puede mejorar fundamentalmente su imagen profesional y sus entradas a nuevas puertas abiertas.

Comience actualizando su perfil de LinkedIn para reflejar con éxito su propia imagen. Asegúrese de que su fotografía de perfil sea competente y se alinee con su imagen, y destaque un título y una descripción convincentes que transmitan claramente su oferta y dominio. Modifique su URL de LinkedIn para incorporar su nombre o eslóganes importantes, haciendo que sea más sencillo para otros encontrarlo e interactuar con usted.

Luego, complete su perfil de LinkedIn con datos aplicables, incluidos su conocimiento laboral, instrucción, habilidades y logros. Destaque logros, empresas y honores clave que muestren su aptitud y validez en su campo. Utilice elementos multimedia interactivos como grabaciones, introducciones y artículos para exhibir su trabajo y brindar un ambiente adicional a los invitados de su perfil.

Además, interactúe de manera efectiva con su red de LinkedIn compartiendo contenido importante, participando en conversaciones de la industria y asociándose con expertos similares. Comparta artículos interesantes, artículos de autoridad intelectual y experiencias de la industria que muestren su habilidad y ofrezcan algún beneficio a su público.

Participa en publicaciones de tus asociaciones adorando, comentando y compartiendo, y agrégalas a reuniones y redes importantes de LinkedIn para ampliar tu alcance y visibilidad.

Además, influya en la etapa de distribución de LinkedIn para distribuir artículos de estructura larga y artículos de autoridad intelectual que lo presenten como una autoridad educada en su campo. Explique puntos que sean aplicables a las ventajas y dificultades de su público, y brinde experiencias y consejos significativos que demuestren su dominio y validez.

Además, busque y mantenga de manera efectiva asociaciones con potencias clave, pioneros del pensamiento y jefes de su industria. Asóciese con ellos en LinkedIn, aproveche su contenido e inicie conversaciones importantes para generar afinidad y establecer conexiones mutuamente valiosas.

Finalmente, revise y examine periódicamente sus mediciones de LinkedIn para seguir la ejecución de su perfil y los niveles de compromiso. Concéntrese en mediciones, por ejemplo, visitas al perfil, demandas de asociación y compromiso de publicación para verificar la idoneidad de su metodología de LinkedIn y realizar cambios caso por caso.

Al utilizar LinkedIn para calificar como competente, mejorará su visibilidad, validez e impacto dentro de su industria y más. En esta parte, investigaremos los sistemas y las mejores prácticas para aumentar su efecto en LinkedIn y utilizar el escenario para impulsar sus propios objetivos de calificación.

Lidiar con su posición en la Web

En la era informática actual, su posición en la web asume un papel fundamental en la formación de cómo los demás lo ven a usted y a su propia imagen. Supervisar y mantener una posición positiva en la web es fundamental para generar confianza, validez y autoridad en su industria o campo.

Comience por realizar una revisión de gran alcance de su presencia en la web para evaluar su posición actual. Busque en Google y audite los elementos de la lista para ver a qué datos se puede acceder rápidamente sobre usted en la web. Concéntrese en el contenido tanto positivo como negativo, incluidas noticias, publicaciones de entretenimiento virtual, auditorías y avisos.

Luego, busque formas proactivas de abordar cualquier contenido negativo o dañino que pueda estar influyendo en su posición en Internet. Suponiendo que revise encuestas o comentarios negativos, responda de manera consciente y experta, abordando cualquier inquietud o problema que surja y tratando de resolverlo de manera agradable. Además, considere conectarse con el sitio o escenario que facilita la sustancia negativa para exigir su expulsión o modificación, si procede.

Además, gestiona eficazmente tus perfiles de entretenimiento virtual y colaboraciones online para garantizar que reflexionen decididamente sobre tu propia imagen. Sea consciente del contenido que comparte y de los comentarios que hace, y trate de no participar en temas cuestionables o problemáticos que puedan descolorar su reputación. Audite periódicamente su configuración de seguridad y sus esfuerzos de seguridad para salvaguardar su carácter web y limitar el riesgo de acceso no aprobado o abuso de sus propios datos.

Además, busque eficazmente oportunidades para fabricar y promover contenido positivo que mejore su posición en Internet. Comparta ejemplos de superación de la adversidad, homenajes y apoyos de clientes o socios satisfechos, y destaque su capacidad a través de artículos de iniciativa intelectual, presentaciones y compromiso de conversación. Al exhibir de manera confiable su impresionante habilidad, dominio y confiabilidad, respaldará su posición en la web y establecerá una buena base para usted como un experto de confianza en su campo.

Además, controle su estado en la web de forma rutinaria utilizando instrumentos y administraciones que rastrean avisos, auditorías y otros contenidos aplicables relacionados con su propia imagen. Configure Precauciones de Google para su nombre y las consignas aplicables para mantenerse informado sobre cualquier novedad o referencia que pueda influir en su posición. Si es cuidadoso y proactivo al manejar su posición en la web, puede garantizar que su propia imagen sea fuerte y resistente a pesar de las dificultades o debates esperados.

En esta parte, investigaremos los sistemas y las mejores prácticas para manejar con éxito su reputación en la web, brindando consejos y experiencias viables para ayudarlo a proteger y mejorar la imagen y la notoriedad de su propia imagen en el mundo avanzado.

Capítulo 4: Creación de redes y construcción de relaciones

Comprender la importancia de la administración de sistemas

En muchos casos, la organización es aclamada como la base del logro individual y profesional, y como una buena explicación. En esencia, la organización está ligada a la construcción y el mantenimiento de asociaciones con otros, creando una trampa para las asociaciones que pueden abrir caminos hacia posibles puertas abiertas, respaldo y desarrollo. Ya sea que desee impulsar su profesión, desarrollar su negocio o simplemente ampliar su grupo de amigos, la organización asume un papel importante para ayudarlo a lograr sus objetivos.

Una de las ventajas críticas de la administración de sistemas es la entrada que brinda a nuevas puertas y activos abiertos. Al interactuar con una variedad de personas a través de diversas empresas, llamamientos y fundaciones, obtiene apertura a pensamientos, puntos de vista y puertas abiertos nuevos que quizás nunca haya experimentado. La administración de sistemas puede generar puestos vacantes, organizaciones comerciales, conexiones de tutoría y conocimientos importantes que pueden impulsar su propio desarrollo competente.

Además, la organización ofrece un escenario para compartir información, habilidades y respaldo con otros. Al relacionarse con personas y especialistas similares en su campo, pueden intercambiar ideas, buscar consejo y trabajar juntos en iniciativas o iniciativas que beneficien a ambos jugadores. Organizing también ofrece una organización de ayuda de amigos y tutores que pueden ofrecer orientación, apoyo y puntos de vista durante los tiempos de prueba.

Además, la organización asume un papel urgente en el marcaje privado y la notoriedad de los ejecutivos. Al desarrollar áreas de fortaleza para una serie de asociaciones, usted mejora su visibilidad, credibilidad e impacto dentro de su industria o área local. Su organización puede actuar como un fuerte respaldo para su propia imagen, respaldando sus habilidades, dominio y carácter ante otras personas.

A pesar de estas inconfundibles ventajas, la organización también ofrece recompensas inmateriales como compañerismo, compañerismo y la sensación de tener un lugar. Construir asociaciones significativas con otras personas puede mejorar su vida poco a poco, brindándole una sensación de pertenencia y respaldo que mejora su prosperidad general.

En esta parte, profundizaremos en la importancia de la administración de sistemas, investigaremos sus ventajas y ofreceremos consejos y técnicas funcionales para construir y sostener su organización. Al comprender el significado de la administración de sistemas y dedicar tiempo y esfuerzo a desarrollar asociaciones significativas, sentará las bases para logros y satisfacción a largo plazo tanto en su propia vida como en la profesional.

Construyendo su metodología de administración de sistemas

La administración eficaz de sistemas requiere más que simplemente ir a eventos e intercambiar tarjetas de presentación: requiere una metodología esencial centrada en crear asociaciones certificadas y fomentar conexiones comúnmente útiles. Fomentar una metodología de administración de sistemas le permite ampliar su tiempo y emprendimientos, distinguir puertas abiertas alineadas con sus objetivos y desarrollar áreas de fortaleza para una organización diferente de contactos.

Comience estableciendo objetivos de administración de sistemas claros y explícitos que se alineen con sus propios objetivos competentes.

¿Qué espera lograr a través de la administración de sistemas? ¿Es seguro decir que espera impulsar su vocación, ampliar su base de clientes o adquirir experiencia en otra industria? Al caracterizar sus objetivos claramente, puede adaptar sus esfuerzos de administración de sistemas para centrarse en puertas abiertas que se alineen con sus necesidades y objetivos.

Luego, distingue tu grupo de interés y contactos clave dentro de tu organización. ¿Quién puede ayudarle a lograr sus objetivos de administración de sistemas? Piense en expertos en su industria o campo, pioneros del pensamiento, fuerzas a tener en cuenta, posibles clientes o clientes, entrenadores y amigos. Haga un resumen de las asociaciones objetivo y céntrese en ellas en vista de su importancia y la influencia esperada en sus objetivos.

Una vez que hayas identificado a tu grupo de interés, investiga diferentes canales y etapas de administración de sistemas para asociarte con ellos. Esto podría incluir asistir a reuniones y eventos de la industria, unirse a afiliaciones profesionales o reuniones de administración de sistemas, participar en debates y redes en línea y utilizar plataformas de entretenimiento en línea como LinkedIn. Elija canales de organización que se alineen con sus inclinaciones, activos y objetivos, y sea proactivo al iniciar y apoyar asociaciones con sus contactos objetivos.

Además, céntrese en mejores estándares sin concesiones mientras construye su organización. En lugar de intentar interactuar con cualquier cantidad de personas que se pueda esperar dadas las circunstancias, concéntrese en construir asociaciones significativas y genuinas con un grupo selecto de personas que compartan sus cualidades, intereses y objetivos. Dedique tiempo y esfuerzo a conocer a sus contactos a un nivel más profundo, descubrir sus necesidades, dificultades y objetivos, y buscar formas de mejorar sus vidas o profesiones.

Además, sea clave en sus ejercicios de administración de sistemas, ajustando su tiempo y activos entre varios canales y posibles puertas abiertas. Reserve tiempo dedicado a ejercicios de administración de sistemas, ya sea para ir a eventos, contactar contactos o regresar a asociaciones. Sea predecible y proactivo en sus esfuerzos de administración de sistemas, pero también sea paciente e incansable, ya que construir conexiones significativas requiere tiempo y esfuerzo.

En esta parte, investigaremos la forma más común de crear un procedimiento clave de administración de sistemas, brindando consejos prácticos y conocimientos para ayudarlo a impulsar sus esfuerzos de administración de sistemas y lograr sus propios y competentes objetivos. Al fomentar un acuerdo y una forma inconfundibles de lidiar con la administración de sistemas, desarrollará su viabilidad, aumentará sus posibilidades y creará áreas de fortaleza para una organización estable que lo impulse hacia el progreso.

Apoyando conexiones significativas

Construir áreas de fortaleza para una organización no se trata sólo de hacer asociaciones: está ligado a mantener asociaciones significativas y legítimas con esas asociaciones a largo plazo. Las conexiones certificadas son la base de una administración de sistemas exitosa, brindando una estructura sólida para la cooperación, el apoyo y el desarrollo compartido.

Para respaldar conexiones significativas, comience por acercarse a la coordinación con una perspectiva certificada y genuina. Sea serio en sus colaboraciones, mostrando un valor real en conocer a los demás y comprender sus necesidades, objetivos y dificultades. La credibilidad genera confianza y compatibilidad, sentando las bases para asociaciones más profundas y significativas.

Luego, céntrese en la correspondencia en sus esfuerzos de administración de sistemas. Busque oportunidades para mejorar la vida o las vocaciones de sus asociaciones, ya sea ofreciendo apoyo, compartiendo experiencias o activos, o conociendo contactos importantes. Al ofrecer generosamente sin esperar nada a cambio , generará generosidad y confianza en su organización, fortaleciendo sus conexiones con el tiempo.

Además, céntrese en la correspondencia continua y el compromiso con su organización. Manténgase en contacto con sus asociaciones de manera constante, ya sea a través de mensajes, llamadas, colaboraciones de entretenimiento virtual o reuniones en persona. Comparta actualizaciones sobre su trabajo, logros e intereses, y muestre interés certificado en la vida y los logros de sus asociaciones. Al permanecer asociado y atraído, podrá mantenerse al día con la atención plena de su organización y desarrollar sus conexiones con el tiempo.

Además, sea proactivo a la hora de ofrecer respaldo y ayuda a sus asociaciones cuando sea necesario. Sea receptivo a sus solicitudes de ayuda u orientación y negocie con sus habilidades, activos o asociaciones siempre que la situación lo permita. Actúe como un activo y promotor para sus asociaciones, ayudándolas a explorar dificultades, aprovechar todas las oportunidades y lograr sus objetivos.

Además, busque oportunidades valiosas para formar equipo y cooperar con sus asociaciones en proyectos, campañas u ocasiones. Los esfuerzos cooperativos refuerzan sus conexiones y constituyen un incentivo para los dos jugadores, lo que genera logros y desarrollo compartidos. Busque formas de utilizar los activos, el dominio y las organizaciones de cada uno para lograr objetivos compartidos y obtener resultados de beneficio mutuo.

En esta parte, investigaremos la importancia de mantener conexiones significativas en la administración de sistemas, brindando consejos y técnicas útiles para construir asociaciones sólidas y duraderas con su organización. Al cultivar conexiones certificables basadas en la confianza, la correspondencia y la ayuda común, creará una organización sólida de socios y partidarios que pueden ayudarlo a lograr sus propios y competentes objetivos.

Modales organizativos y mejores prácticas

Una administración de sistemas convincente no se trata solo de hacer asociaciones; también se trata de mantener cuidadosamente una habilidad, amabilidad y consideración impresionantes en todas sus comunicaciones. El comportamiento organizativo envuelve una serie de reglas y mejores prácticas que supervisan cómo se relaciona con los demás en entornos de administración de sistemas, garantizando que tenga una impresión positiva y establezca asociaciones significativas con sus contactos.

Lo más importante es abordar la organización de ocasiones y colaboraciones con una perspectiva positiva y abierta. Sea bien dispuesto, agradable y acogedor con otras personas, y esfuércese por crear un ambiente cálido y comprensivo donde todos se sientan estimados y considerados. Sonría, conéctese visualmente y ofrezca un fuerte apretón de manos mientras conoce nuevas personas, y utilice métodos de atención exclusiva para mostrar verdadero interés y compromiso con la discusión.

Además, esté atento a su comunicación no verbal y a sus signos no verbales durante las asociaciones de administración de sistemas. Mantenga una comunicación no verbal abierta y acogedora, por ejemplo, confrontando a la persona con la que está hablando, manteniendo una buena postura y absteniéndose de cruzar los brazos o parecer distraído. Concéntrese en su forma de hablar y en su apariencia, transmitiendo calidez, energía y veracidad en sus cooperaciones.

Además, tenga en cuenta el tiempo y los límites de los demás durante las ocasiones y cooperaciones de administración de sistemas. Absténgase de acumular discusiones o de inmiscuirse en los demás, y esté atento a las señales que muestran cuándo es el momento ideal para concluir una discusión o continuar con la siguiente persona. Respete el espacio y los límites individuales y evite intromisiones o comportamientos excesivamente reconocibles que puedan generar ansiedad en los demás.

Además, practique un buen comportamiento posterior después de eventos o reuniones de administración de sistemas. Envíe tarjetas personalizadas para agradecer o mensajes para comunicar su agradecimiento por la oportunidad de interactuar y enfatizar los temas centrales de su discusión. Mantenga cualquier palabra o responsabilidad que haya asumido durante la colaboración, como enviar datos o hacer presentaciones, con prontitud.

Por último, sea proactivo a la hora de sostener y mantenerse al día con su organización después de un tiempo. Manténgase en contacto con sus contactos constantemente, ya sea a través de entretenimiento en línea, correo electrónico o reuniones en persona. Comparta actualizaciones, artículos o activos importantes que puedan tener alguna importancia para su organización y brinde su ayuda y apoyo en cualquier momento que sea necesario. Si permanece conectado y es proactivo en sus esfuerzos de administración de sistemas, fortalecerá sus conexiones y ampliará el valor de su organización a largo plazo.

En esta parte, investigaremos los estándares de los modales de la administración de sistemas y los mejores trabajos, brindando consejos razonables y conocimientos para ayudarlo a explorar la organización de eventos y cooperaciones con una habilidad, amabilidad y certeza impresionantes. Al sobresalir en el decoro de la administración de sistemas, tendrá una impresión positiva, creará conexiones significativas y abrirá puertas para el desarrollo individual y experto.

Utilización de herramientas de administración de sistemas de Internet

En la actual era avanzada, los aparatos y plataformas de administración de sistemas basados en la web ofrecen oportunidades extraordinarias para asociarse con expertos, hacer crecer su organización y acceder a importantes activos y conocimientos desde cualquier lugar del planeta. El uso de estas herramientas realmente puede mejorar sus esfuerzos de administración de sistemas y las puertas de entrada a nuevas puertas abiertas y esfuerzos conjuntos.

Una de las herramientas de administración de sistemas basadas en web más destacadas es LinkedIn, una plataforma de administración de sistemas experta con más de 700 millones de clientes en todo el mundo. LinkedIn le permite crear un perfil punto por punto que muestre su experiencia, habilidades y logros como experto, e interactuar con expertos en su industria o campo. Encuentre la oportunidad de optimizar su perfil de LinkedIn, incluyendo una fotografía profesional, un título convincente y un esquema definido que destaque su dominio y oferta.

Además, interactúe eficazmente con su red de LinkedIn compartiendo contenido importante, participando en conversaciones grupales y contactando a socios con nuevos contactos. Utilice las funciones destacadas de búsqueda y propuesta de LinkedIn para reconocer e interactuar con expertos que comparten sus inclinaciones, habilidades u objetivos profesionales, e influya en los elementos de información e InMail de LinkedIn para iniciar discusiones y establecer conexiones.

Además de LinkedIn, existen muchas otras plataformas y dispositivos de organización en Internet que pueden ayudarlo a hacer crecer su organización e interactuar con expertos similares. Las discusiones profesionales, las redes explícitas de la industria y los eventos de administración de sistemas virtuales ofrecen oportunidades para relacionarse con pares, compartir conocimientos y crear asociaciones con expertos en su campo. Investigue estas etapas y participe en conversaciones, aclare cuestiones urgentes y proponga su dominio para establecer una buena base para usted como persona importante del área local.

Además, influya en plataformas de entretenimiento basadas en la web como Twitter, Facebook e Instagram para ampliar su presencia en Internet y asociarse con expertos más allá de su organización local. Comparta actualizaciones sobre su trabajo, interactúe con potencias de la industria y pioneros del pensamiento, y participe en debates importantes para desarrollar su visibilidad y atraer nuevas asociaciones.

Además, considere utilizar plataformas y aparatos de organización de Internet para resaltar su habilidad y su autoridad en la redacción de un blog, podcasting o contenido de video. Cree y ofrezca contenido importante que muestre sus conocimientos, experiencias y puntos de vista sobre puntos pertinentes a su industria o campo, y acerque a su público para fomentar debates y establecer conexiones.

En esta parte, investigaremos los diferentes dispositivos y etapas de administración de sistemas basados en la web accesibles para los expertos, brindando consejos y procedimientos viables para utilizar estos dispositivos para hacer crecer su organización, crear conexiones y avanzar en sus propios objetivos competentes. Al adoptar aparatos de administración de sistemas basados en la web como un componente de su metodología de administración de sistemas, abrirá nuevas puertas para el desarrollo, la cooperación y el progreso en su vocación.

| 5 |

Capítulo 5: Desarrollando su experiencia

Reconociendo sus temas especializados

Crear dominio comienza con una comprensión razonable de sus activos, habilidades y regiones de información. Encuentre la oportunidad de considerar sus encuentros con expertos, su base académica y sus intereses individuales para reconocer las regiones en las que tiene éxito y tiene una comprensión profunda. Piense en las diligencias o empresas en las que de manera confiable se desempeña bien, recibe críticas positivas o exhibe una inclinación característica.

Además, busque aportes de asociados, tutores y socios para adquirir experiencia en sus recursos y áreas de desarrollo. Solicite su punto de vista sobre sus habilidades, conocimientos y compromisos, y utilice sus críticas para aprobar y perfeccionar su autoevaluación. Además, dirija el examen y recopile datos sobre patrones, avances y mejoras emergentes en su industria o campo para distinguir las regiones donde puede desarrollar su dominio y permanecer informado.

Además, considere los objetivos y deseos de su profesión a largo plazo al tiempo que reconoce sus temas especializados. ¿Qué trabajos o puestos intentas desempeñar en tu profesión? ¿Qué capacidades o regiones de información son fundamentales para el progreso en esos empleos? Al ajustar sus temas a los objetivos de su carrera, puede concentrarse en fomentar las habilidades y la información que lo impulsarán hacia sus resultados ideales.

En esta parte, profundizaremos en la forma más común de distinguir sus temas, brindándole actividades y procedimientos funcionales para ayudarlo a adquirir lucidez y confianza en sus activos y capacidades. Al crear oportunidades para distinguir y utilizar sus temas, establecerá las bases para convertirse en una potencia percibida y un pionero en su campo.

Adquisición constante y mejora de la experiencia

En el mundo actual que avanza rápidamente, el dominio en realidad no es un estado estático, sino un ciclo único que requiere un dominio progresivo y una mejora de la experiencia. Para desarrollar el dominio, es vital adoptar una perspectiva de aprendizaje continuo y la promesa de ampliar su conocimiento y mejorar sus habilidades a lo largo de su profesión.

Comience por desarrollar un hambre de información y una rareza sobre su campo o industria. Manténgase informado sobre los patrones, avances y mejores prácticas más recientes a través de distribuciones de la industria, fuentes de noticias y puertas abiertas potenciales de mejora de expertos. Busque puertas abiertas de aprendizaje que se alineen con sus inclinaciones y objetivos, ya sea asistiendo a reuniones, estudios, clases en línea o inscribiéndose en cursos en línea o programas de afirmación.

Además, concéntrese en mejorar las capacidades en regiones que sean aplicables a sus objetivos de aptitud y profesión. Reconozca las habilidades y capacidades vitales que se buscan en su industria o campo, y encuentre formas proactivas de obtener o mejorar esas habilidades. Esto podría incluir buscar puertas abiertas de capacitación o tutoría, contribuir a proyectos de prueba o buscar capacitación o acreditaciones de alto nivel.

Además, adopte una mentalidad de desarrollo que valore el ensayo y error, el ciclo y el beneficio de la decepción. Considere los contratiempos y las dificultades como puertas abiertas para el desarrollo y la mejora, y avance hacia ellos con versatilidad, flexibilidad y entusiasmo por sacar provecho de sus encuentros. Acepta la crítica como una fuente importante de comprensión y dirección, y úsala para perfeccionar tus habilidades y trabajar en tu exposición después de un tiempo.

Además, influya en la innovación y los aparatos computarizados para trabajar con su proyecto de mejora de dominio y experiencia. Aproveche las etapas de aprendizaje basadas en la web, los recursos instructivos y los aparatos de eficiencia para obtener contenido de primer nivel, formar equipos con amigos y controlar su desarrollo hacia sus objetivos de aprendizaje. Utilice entretenimiento virtual, reuniones y redes en línea para asociarse con expertos similares, compartir experiencias e intercambiar ideas y mejores prácticas.

En esta sección, investigaremos la importancia del dominio incesante y el avance de las habilidades en el desarrollo del dominio, brindándole metodologías y recursos funcionales para ayudarlo a permanecer concentrado y feroz en el mundo actual de alta velocidad. Al adoptar una perspectiva de aprendizaje duradero y centrarse en la mejora continua de la experiencia, se situará como una potencia reconocida y un pionero en su campo.

Administración de Pensamiento y Creación de Contenidos

La autoridad de pensamiento asume un papel esencial a la hora de establecer la habilidad y la validez en su campo. Como jefe de ideas, usted tiene la oportunidad potencial de compartir sus extraordinarias experiencias, puntos de vista y dominio con otros, posicionándose como un poder y una fuerza de confianza a tener en cuenta en su industria o especialidad. La autoridad de pensamiento con frecuencia permanece estrechamente relacionada con la creación de contenido, ya que brinda un escenario para exhibir su conocimiento e iniciativa de pensamiento ante una multitud más amplia.

Empiece por distinguir temas o regiones en los que tenga una gran habilidad y un punto de vista excepcional para compartir. Considere sus encuentros con expertos, intereses de investigación y patrones de la industria para distinguir puntos importantes y oportunos que repercuten en su grupo de interés. Busque oportunidades para ofrecer nuevos conocimientos, desafiar la forma de pensar estándar o brindar exhortaciones y respuestas viables para problemas o dificultades normales en su campo.

Luego, influya en diferentes organizaciones y canales de contenido para hacer y compartir su autoridad de pensamiento satisfecha con su público. Esto podría incluir entradas de blog, artículos, documentos técnicos, investigaciones contextuales, grabaciones, transmisiones web, cursos en línea o actualizaciones de entretenimiento virtual, dependiendo de sus inclinaciones y activos. Elija disposiciones de contenido que se alineen con las inclinaciones y propensiones de uso de su público, y analice con varios medios para encontrar lo que resulte mejor para usted.

Además, concéntrese en crear contenido excelente que ofrezca algún beneficio a su público y demuestre su aptitud y administración de ideas. Ofrezca puntos de vista extraordinarios, experiencias significativas y orientación con los pies en la tierra que aborden las necesidades, dificultades y deseos de su público. Sea creíble, directo y participativo en su contenido, compartiendo historias, historias y guías individuales para mostrar sus enfoques y asociarse con su público a nivel humano.

Además, atraiga eficazmente a su público y a la industria a través del contenido de su autoridad intelectual. Energice los aportes, los comentarios y las conversaciones sobre su sustancia, y responda amable y conscientemente a las solicitudes y comentarios de la multitud. Participe en reuniones, encuentros y ocasiones de la industria para impartir sus habilidades y experiencias a un público más amplio e interactuar con expertos similares.

Además, considere asociarse con otros pioneros de ideas, potencias o asociaciones en su campo para mejorar su alcance y efecto. Cocrear artículos, facilitar clases conjuntas en línea o participar en conversaciones en la junta directiva son solo algunas formas de utilizar el dominio agregado y las organizaciones de otros para mejorar sus esfuerzos de administración del pensamiento.

En esta parte, investigaremos los estándares de iniciativa intelectual y creación de contenido, brindando consejos y sistemas prácticos para crear y compartir contenido de administración de ideas que destaque su habilidad y exponga su credibilidad como pionero en su campo. Al adoptar la iniciativa intelectual y crear contenido convincente, se situará como una potencia y potencia reconocida, generando un efecto y un compromiso significativos dentro de su industria o especialidad.

Validez y autoridad del edificio

La credibilidad y la autoridad son partes fundamentales de la aptitud y moldean la forma en que los demás ven y confían en sus conocimientos, habilidades y conocimientos. Desarrollar validez y autoridad requiere un trabajo consciente y constante para establecer una posición de dominio, habilidad impresionante y honestidad en su campo.

Un método para desarrollar validez y autoridad es adquirir experiencia y capacidad significativas a través del trabajo intenso, la investigación o la preparación concentrada. Busque oportunidades para ampliar sus conocimientos y habilidades en su tema, ya sea a través de experiencia práctica, capacitación de alto nivel o programas de mejora de expertos. Al exhibir capacidad y competencia en su campo, se ganará la confianza y el aprecio de sus compañeros, asociados y clientes.

Además, adquirir acreditaciones o certificaciones puede mejorar aún más su credibilidad y autoridad en su campo. Considere la posibilidad de buscar acreditaciones o asignaciones de expertos que sean percibidas y consideradas en su industria, ya que actúan como prueba sustancial de su dominio y obligación de aprender de manera constante y realizar un giro experto de los acontecimientos. Destaque sus acreditaciones y calificaciones de manera visible en su currículum, perfil de LinkedIn y otros perfiles de expertos para desarrollar su validez y aptitud ante otras personas.

Además, destaque su aptitud y su compromiso administrativo minuciosamente considerado para hablar en público, escribir o educar. Hablar en reuniones, estudios u ocasiones industriales le permite impartir sus conocimientos y experiencias a un público más amplio y establecer una buena base para usted como autoridad informada. Además, redactar artículos, entradas de blogs o documentos técnicos sobre temas aplicables a su campo muestra su iniciativa de pensamiento y su capacidad ante otras personas. Educar o dar clases particulares a otros en su materia también fortalece su validez y autoridad, ya que espera que usted verbalice sus conocimientos y guíe a otros en su aprendizaje y mejora.

Además, busque eficazmente oportunidades para contribuir a su industria o área local de expertos a través de esfuerzos humanitarios, asociaciones de consejos o puestos de autoridad en asociaciones competentes. Al participar de manera efectiva en las iniciativas de la industria y contribuir con su aptitud a esfuerzos agregados, mejorará su visibilidad, credibilidad e impacto dentro de su campo.

En esta sección, investigaremos sistemas para desarrollar validez y autoridad en su campo, brindando consejos y experiencias razonables para ayudarlo a establecer una posición como maestro y pionero de confianza. Al concentrarse en desarrollar validez y autoridad, reforzará su propia imagen y se posicionará para progresar en su profesión.

Organizándose con amigos y potencias de la industria

Organizarse con socios y potencias de la industria es una técnica importante para ampliar su conocimiento, adquirir experiencias y construir conexiones que ayuden a su mejora continua como especialista. Al asociarse con otras personas en su campo, puede llegar a nuevos puntos de vista, mantenerse informado sobre las tendencias de la industria y formar equipos en empresas o iniciativas que avancen en su dominio y vocación.

Comience reconociendo a personas y asociaciones clave en su industria o especialidad que usted aprecia y considera. Estos pueden incorporar pioneros de ideas, potencias, tutores, socios o asociaciones que están asumiendo compromisos críticos con su campo. Utilice plataformas de organización en Internet, eventos de la industria y relaciones de expertos para asociarse con estas personas y comenzar a construir asociaciones con ellas.

Mientras administra sistemas con amigos y potencias de la industria, avance hacia colaboraciones con una perspectiva real y certificable. Intente establecer conexiones comúnmente ventajosas a la luz de la confianza, el respeto y los intereses compartidos. Busque oportunidades para conocer el trabajo y los logros de sus asociaciones, y busque oportunidades de valorarlas o respaldarlas como compensación .

Además, interactúe de manera efectiva con su organización participando en conversaciones de la industria, compartiendo conocimientos y ofreciendo ayuda o asesoramiento cuando sea necesario. Contribuya con su capacidad y puntos de vista a debates y discusiones, y esté disponible para beneficiarse de otras personas que tengan diversos encuentros o perspectivas. Al cautivar eficazmente a su organización, demostrará su compromiso con su campo y se posicionará como una persona importante y considerada en el área local.

Además, busque oportunidades potenciales para asociarse con socios y potencias de la industria en proyectos, exploración o iniciativas que se alineen con sus habilidades e intereses. Los esfuerzos cooperativos amplían su organización y brindan oportunidades potenciales de beneficiarse de los demás, intercambiar pensamientos y ganarse la estima juntos. Busque formas de utilizar los activos, activos y organizaciones de cada uno para lograr objetivos y metas compartidos.

Además, manténgase informado sobre eventos de la industria, reuniones y administración de sistemas. Increíbles puertas abiertas donde podrá asociarse cara a cara con compañeros y potencias de la industria. Asista a reuniones, estudios u ocasiones de administración de sistemas pertinentes a su campo y aproveche las oportunidades para conocer y conectarse con otras personas que participan. Sea proactivo al iniciar conversaciones y crear asociaciones con nuevos contactos, y vuelva a contactarlos poco tiempo después para mantenerse al día con la asociación.

En esta parte, investigaremos la importancia de la administración de sistemas con socios y potencias de la industria para fomentar su aptitud, brindando consejos y procedimientos prácticos para construir y mantener conexiones que ayuden a su desarrollo y mejora continuos como especialista. Al administrar sistemas con amigos y potencias de la industria, aumentará su conocimiento, obtendrá experiencias importantes y creará áreas importantes de fortaleza para una organización que mejorará su dominio y sus logros profesionales.

Conclusión:

Resumen de los problemas centrales

Al cerrar nuestra excursión a través de "Diez pasos hacia una marca individual fuerte: sobresalir y tener éxito", es fundamental considerar los temas centrales que hemos cubierto a lo largo de este libro. Hemos investigado los estándares esenciales de la calificación individual, destacando la importancia de la validez, la claridad y la coherencia a la hora de moldear la personalidad de su imagen. Hemos examinado el significado de la administración de sistemas y el trabajo de relaciones para expandir su organización, llegar a valiosas puertas abiertas y obtener el apoyo de socios y entrenadores. Además, hemos destacado el valor de la maestría incesante y el avance de habilidades para desarrollar aptitudes y permanecer despiadados en el actual mundo en rápido movimiento. Además, nos hemos sumergido en los sistemas para generar credibilidad y autoridad en su campo, incluida la adquisición de experiencia significativa, la obtención de acreditaciones y la demostración de su dominio mediante la administración del pensamiento y la creación de contenido. Al adquirirlo y aplicar estos temas centrales, podrá construir una marca individual sólida, diferenciarse del grupo y prevalecer en sus propias y competentes empresas.

Considere la autoconciencia

Cuando llegue al final de este libro, haga una pausa por un minuto para considerar su proyecto de autoconciencia. Piense en cómo podría interpretar la calificación individual, la organización, el avance de habilidades y la construcción de credibilidad que se han desarrollado a lo largo de las partes. Reflexione sobre las experiencias que ha adquirido, las habilidades que ha obtenido y los avances significativos que ha realizado para mejorar su propia imagen y habilidades.

Reflexiona sobre las dificultades que has experimentado en el camino y cómo las has superado. Considere los momentos decisivos y la motivación que han impulsado su avance, así como las ilustraciones obtenidas de contratiempos e impedimentos. Percibe el desarrollo y el cambio que has encontrado debido a tu obligación de autoconocimiento y crecimiento personal.

Además, reflexione sobre las regiones en las que ha dado pasos críticos y en las regiones en las que todavía hay espacio para el desarrollo. Distinga cualquier laguna en su conocimiento o habilidades que desee abordar en el futuro y establezca objetivos para cambios adicionales y mejoras. Abrace la excursión del desarrollo y avance persistentes, comprendiendo que la mejora individual y profesional es una búsqueda duradera.

Por último, elogie sus logros y reconozca los avances que ha logrado en su excursión hacia la construcción de una marca individual sólida y de dominio. Perciba el valor de sus extraordinarios activos, habilidades y encuentros, y acéptelos como recursos clave para formar su personalidad y lograr sus objetivos. Si piensa en su superación personal y adopta las ilustraciones aprendidas, estará mejor preparado para continuar su excursión con lucidez, razón y certeza.

Obligación de continuar con el desarrollo

Al finalizar su investigación sobre la calificación individual y el avance del dominio, es urgente reafirmar su obligación de continuar con el desarrollo y el crecimiento personal. La calificación y las habilidades individuales no son logros estáticos sino más bien procesos progresivos que requieren compromiso, determinación y entusiasmo por adaptarse al cambio.

Centrarse en mantener una perspectiva de desarrollo, aceptando las dificultades como puertas abiertas para el aprendizaje y el desarrollo. Permanezca abierto a pensamientos, puntos de vista y encuentros novedosos que puedan ampliar sus puntos de vista y desarrollar sus aptitudes. Sea proactivo en la búsqueda de puertas abiertas para el desarrollo y el avance, ya sea a través de educación adicional, preparación competente o experiencia activa.

Además, enfócate en el cuidado de uno mismo y la prosperidad como partes fundamentales de tu proceso de desarrollo. Ocúpese de su bienestar físico, mental y cercano al hogar, y establezca un clima estable que fomente su propio y competente giro de los acontecimientos. Rodéate de impactos positivos, busca ayuda de entrenadores y compañeros y concéntrate en ejercicios que te apoyen por completo.

Además, abrace un sentimiento de fuerza y versatilidad a pesar de las dificultades y desgracias. Perciba que las dificultades son una parte característica de la interacción del desarrollo y utilícelas como puertas abiertas para aprender, desarrollarse y pasar al siguiente nivel. Desarrolla la fortaleza para ir más allá de tu rango habitual de familiaridad, seguir cursos de acción potencialmente peligrosos y buscar nuevas puertas abiertas que amplíen tus habilidades y hagan crecer tus puntos de vista.

Además, permanezca asociado con sus propias organizaciones competentes, utilizando su ayuda, dirección y consuelo mientras explora su proceso de desarrollo. Comparte tus objetivos, deseos y dificultades con guías y compañeros de confianza, y busca sus recomendaciones y puntos de vista cuando sea necesario. Trabaje junto con otras personas que compartan sus intereses y valores, y cultive conexiones que le ayuden en el giro continuo de sus acontecimientos y sus logros.

Considerándolo todo, concéntrese en una excursión duradera de desarrollo, autorrevelación y crecimiento personal. Acepte las dificultades y las posibles puertas abiertas que se le presenten y sea coherente con su visión y sus valores mientras se esfuerza por fabricar una marca individual sólida y un dominio que lo separe y lo impulse hacia sus objetivos. Con devoción, constancia y garantía de continuar con el desarrollo, las oportunidades de logro individual y profesional son ilimitadas.

Fortalecimiento y Certeza

Mientras considera su recorrido por los "Diez pasos hacia una marca individual fuerte: sobresalga y triunfe", abrace un sentimiento de fortalecimiento y confianza en sus capacidades y potencial. Percibe las novedosas cualidades, habilidades y encuentros que te caracterizan y te diferencian de los demás. Confía en tus capacidades para moldear tu propia imagen, desarrollar habilidades y alcanzar tus objetivos.

Tenga confianza en usted mismo y en su capacidad para obtener un resultado beneficioso en su propia y competente vida. Abrace su validez y distinción, comprendiendo que su punto de vista y su voz únicos impactarán a los demás y le abrirán valiosas puertas. Manténgase firme en sus convicciones y valores y permita que guíen sus actividades y elecciones mientras explora su excursión hacia el progreso.

Además, desarrollar una mentalidad de confianza y fortaleza a pesar de las dificultades y desgracias. Percibe que las desgracias son obstáculos breves que dan puertas abiertas al desarrollo y al aprendizaje. Confía en tu capacidad para vencer la aflicción, adaptarte al cambio y levantarte más firme y más fuerte en el lado opuesto.

Además, rodéate de una organización constante de tutores, amigos y socios que confíen en tu verdadera capacidad y te apoyen en el camino. Busque entrenadores que puedan ofrecerle dirección, inteligencia y apoyo mientras busca sus objetivos y metas. Establezca asociaciones con compañeros que compartan sus intereses y valores, y elogien las victorias y logros de los demás.

Además, asuma la responsabilidad de la marca y las habilidades individuales y sea deliberado acerca de cómo presentarse al mundo. Crea una historia convincente que destaque tus extraordinarios activos, logros y objetivos. Sea fuerte al transmitir su historia y visión a otras personas, y deje que su certeza y entusiasmo irradien todo lo que haga.

Considerándolo todo, abrace una sensación de fortalecimiento y certeza mientras emprende su excursión hacia la construcción de una marca y una habilidad individuales sólidas. Confía en ti mismo y en tus capacidades, y deja que tu validez y energía te guíen hacia el progreso. Con certeza, seguridad y confianza en ti mismo, tienes la capacidad de lograr cualquier cosa en la que pongas tu energía.

Fuente de inspiración

Al cerrar la última sección de "Diez pasos hacia una marca individual fuerte: sobresalir y triunfar", ahora es el momento adecuado para transformar la reflexión en eso. Tome la información, las experiencias y las metodologías que ha adquirido en este libro y aplíquelas en su existencia diaria con objetivo y razón.

En primer lugar, plantee objetivos inequívocos y cuantificables para su propio proyecto de calificación y mejora de habilidades. Ya sea que se trate de perfeccionar su imagen de personalidad, hacer crecer su organización o adquirir nuevas habilidades, defina claramente cómo son los logros para usted y cree una guía para lograr sus objetivos.

Luego, dé pasos notables hacia sus objetivos ejecutando los procedimientos y estrategias ilustrados en este libro. Construya su propia imagen creando una historia convincente, refinando su presencia en Internet y exhibiendo su dominio a través de la iniciativa intelectual y la creación de contenido. Haga crecer su organización interactuando eficazmente con expertos y potencias de la industria, asistiendo a eventos de administración de sistemas y buscando valiosas puertas abiertas para la tutoría.

Además, concéntrese en la adquisición constante y la mejora de habilidades para desarrollar su aptitud y permanecer concentrado en su campo. Invierta recursos en el avance competente, puertas abiertas increíbles, busque tutores y mentores y manténgase informado sobre los patrones que surgen y las mejores prácticas en su industria.

Además, concéntrese en generar credibilidad y autoridad en su campo adquiriendo experiencia importante, obteniendo acreditaciones y contribuyendo de manera efectiva a su industria o área local de expertos. Establezca una buena base para usted como maestro de confianza y pionero considerado minuciosamente en sus actividades, palabras y compromisos en su campo.

Además, recuerde que la calificación individual y el avance de habilidades son procesos progresivos que requieren compromiso, diligencia y versatilidad. Manténgase enfocado en su proceso de desarrollo y gire, repita y tome el rumbo correcto caso por caso en el camino.

Considerándolo todo, aproveche la oportunidad de llevar su propia calificación y mejora de aptitudes a un nivel superior al poner en práctica las experiencias y los sistemas de este libro. Con seriedad, concentración y compromiso de mejorar sin parar, tienes la capacidad de crear una marca individual sólida, diferenciarte del grupo y lograr tus fantasías más extraordinarias de este mundo. ¡Así que sigue adelante con certeza y deja un legado!